L' informatica per lavorare in sicurezza

INSICUREZZA INFORMATICA

Aspetti tecnici e giuridici
per la Pubblica Amministrazione

Vincenzo G. Calabrò

INSICUREZZA INFORMATICA

Autore: Vincenzo G. Calabrò

2008 © Lulu Editore

ISBN 978-1-4461-2378-2

Novembre 2010 Seconda edizione

Distribuito e stampato da:

Lulu Press, Inc.

3101 Hillsborough Street

Raleigh, NC 27607

USA

INDICE

Introduzione

Nella prima parte vengono illustrati gli approcci per la gestione della sicurezza informatica passando dagli standard e le pratiche migliori che guidano gli operatori del settore, ai nuovi riferimenti normativi che investono le aziende e la Pubblica Amministrazione. Si affrontano quindi i temi del rapporto fra sicurezza e business per implementare soluzioni di sicurezza efficaci.

Nella seconda parte viene analizzato il caso della gestione di una infrastruttura informatica all' interno di una agenzia governativa, al fine di valutare gli aspetti legati alla sicurezza informatica, trattando concetti come autenticazione, salvaguardia del perimetro di rete del centro tecnico, sede della maggior parte dei server, divisione in settori di rete, autenticazione centralizzata, continuità del business, gestione dell' accesso ad internet e monitoraggio dei sistemi.

PARTE 1

Principi sulla gestione della sicurezza
informatica

1.1 Introduzione

La sicurezza è al primo posto tra gli obiettivi dei responsabili di impresa già da qualche anno e ancora risulta esserlo anche attualmente, come testimoniato dagli studi di diversi analisti.

Contestualmente, l' adeguamento alle normative nazionali e internazionali è tra le prime priorità dei responsabili IT. È evidente, dunque, l' importanza di questo tema e la necessità di impostare una strategia per l' Information Security e l' adeguamento che sia pienamente integrata con la missione aziendale.

Le imprese, specialmente in alcuni contesti come quello bancario, sono consapevoli di questa valenza, perché hanno bisogno di risposte a temi come la materializzazione del patrimonio, l' adempimento alle leggi e agli standard di settore, l' esigenza di un più veloce risposta al mercato, la salvaguardia di un' immagine o comunque l' importanza di ottenere la fiducia della propria clientela e una serie di altri obiettivi che si possono sintetizzare nel bisogno di business agility, ovvero la capacità di adeguarsi velocemente ai mutamenti.

1.2 Un approccio convergente

Appare sempre più richiesto un approccio basato sulla convergenza tra sicurezza logica e fisica e la parte applicativa. La sua adozione, sempre più importante, è effettivamente una risposta a un' esigenza molto sentita in vari ambiti, a partire ancora una volta da quello bancario, ma in estensione ad altri settori commerciali, dove si coglie il valore di tale convergenza in termini di maggiore efficacia nella prevenzione.

In effetti, si tratta dell' unico elemento vincente per prendere misure efficaci in questo senso: si pensi, nel caso delle banche, alla possibilità di integrare le informazioni che arrivano dalle applicazioni con quella sulla sicurezza, per ridurre i rischi di frodi e attacchi informatici; ma anche alle possibilità offerte dalle nuove tecnologie per la videosorveglianza integrata in tutti quei contesti di contatto con un pubblico, come nelle attività commerciali di largo consumo.

1.3 La gestione del rischio

Analizzando tutti i processi aziendali e tutti i pericoli cui sono soggette le componenti degli stessi, siano esse relative all' ICT, al personale aziendale o ad altri asset tecnologici o fisici, si può misurare il rischio connesso con gli eventi di sicurezza.

Gestire il rischio, come già in ambito finanziario, è un primario obiettivo di business. Mitigarlo è, dunque, un risultato di business, che si può misurare per il valore che aggiunge all' impresa.

Gli esperti di sicurezza sono in grado di fornire un pieno supporto strategico e tecnologico per l' analisi del rischio e delle vulnerabilità cui è soggetta l' infrastruttura ICT aziendale.

Soprattutto mettono a disposizione strutture di supporto e metodologie per valutare il legame tra il business e i suoi processi e le tecnologie e soluzioni di sicurezza delle informazioni. Proprio la gestione del rischio è l' obiettivo implicito nella maggioranza delle leggi e dei regolamenti che, più o meno direttamente, riguardano la sicurezza informatica. Impostare un sistema di sicurezza con l' obiettivo di gestire e mitigare il rischio, dunque, porta automaticamente alla compliance, termine inglese, ma di uso comune fra gli operatori del settore IT, che definisce la conformità delle procedure agli standard e alle leggi vigenti. Peraltro, anche la compliance va misurata, controllata e gestita, perché, come conseguenza della dinamicità della sicurezza stessa, la posizione dell' azienda è destinata a cambiare nel tempo.

1.4 La governance della sicurezza

La convergenza di tutti gli aspetti connessi alla sicurezza dell' intero patrimonio aziendale e l' adozione di un approccio orientato al risk management, ossia alla gestione e al controllo del rischio, diventano un elemento strategico per la governance della sicurezza, a sua volta parte della governance aziendale.

Il continuo controllo del rischio e, quindi, dei processi di business che sono l' oggetto di tale rischio porta a una più efficace strategia per la governance aziendale.

L' approccio integrato deve abbracciare la sicurezza a tutti i livelli aziendali e da ogni punto di vista tecnico, in un' ottica di prevenzione delle minacce, gestione degli eventi di sicurezza, continuità del business e compliance. Un approccio integrato è orientato alla governance della sicurezza per massimizzare i ritorni della sicurezza stessa.

Sono molte le aziende che hanno colto l' importanza strategica di un approccio del genere: banche e industrie, per esempio, ma anche la Pubblica Amministrazione, stanno focalizzando la loro attenzione sulla governance, mentre in passato i loro sforzi erano soprattutto concentrati sulla protezione della rete e degli accessi.

La complessità stessa della sicurezza, di fatto, suggerisce le necessità di governarla coerentemente con il resto dell' azienda. Soprattutto è importante coniugare consolidate esperienze di IT con competenze specifiche sugli aspetti di architettura e di processo.

Questo significa in primo luogo definire le politiche per la sicurezza e, dall' altro, anche verificare i livelli di compliance. Le scelte relative alla sicurezza sono complesse, data la vastità della materia e le implicazioni strategiche e tecnologiche che è necessario considerare.

Scegliere un partner fidato, dotato di competenze, soluzioni, servizi e capacità esecutiva per coprire tutti gli aspetti su elencati con un approccio integrato destinato a garantire la sostenibilità nel tempo della sicurezza e della compliance è una scelta importante.

1.5 Un approccio di business alla sicurezza

La sicurezza è strategica e, come per tutte le decisioni strategiche, spetta al business preoccuparsene. Gli aspetti tecnologici sono tutt' altro che trascurabili, ma comunque devono essere posti in secondo piano rispetto al bisogno di soddisfare le esigenze di business, che partono dalla gestione del rischio in maniera efficace ed efficiente, al fine di aumentare il valore dell' impresa. Adottando un processo di governance e risk management, oltre a mantenere nel tempo la conformità a leggi e regolamenti, si ottiene un rapido ritorno degli investimenti e un supporto per l' innovazione.

In altre parole, un approccio strategico strettamente connesso al business abbraccia la sicurezza logica e fisica di tutta l' impresa.

1.6 Un approccio integrato per la sicurezza

I responsabili d' impresa devono affrontare diverse sfide, quali l' esigenza di innovare in un' atmosfera molto competitiva, il rispetto delle complesse normative, la ricerca di ritorni rapidi dagli investimenti e la necessità di mettere al sicuro l' azienda da una vasta gamma di sofisticate minacce in continua evoluzione. Proprio quest' ultimo aspetto è probabilmente l' origine di una malaugurata abitudine. Normalmente, infatti, per ogni decisione e piano strategico riguardante l' impresa, il manager adotta un approccio legato al business. Ma, se si tratta di un problema sicurezza e tutte le sfide sopra riportate ne fanno parte, viene tipicamente impostato un approccio tecnologico. Se è innegabile che la tecnologia ha un ruolo fondamentale nell' ambito della sicurezza informatica, è altrettanto chiaro che senza un approccio guidato dal business, è difficile assicurarsi che gli obiettivi del business stesso siano rispettati. I fornitori di soluzioni specializzate per la sicurezza hanno di solito una visione limitata e spingono spesso per un approccio tecnologico dal basso. Occorre quindi scegliere il partner che possiede le competenze e la capacità esecutiva per aiutare le imprese ad adottare un punto di vista che parte dal business per definire i propri requisiti in termini di sicurezza e adeguamento alle norme. Un punto di partenza che è facilmente individuabile, perseguendo la gestione del rischio, è una pratica ben nota al business manager, che è quella di assegnare a ciascun processo o cespite aziendale un valore di priorità rispetto al quale valutare quanto critica sia la sicurezza. La validità di un approccio orientato al business è determinata anche dalla crescente importanza che la sicurezza stessa ha assunto negli ultimi anni per l' intera impresa. L' utilizzo di Internet e le nuove tecnologie, in primis quelle per la connettività e la collaborazione a distanza, e anche l' apertura verso nuovi mercati con la globalizzazione hanno indotto significativi cambiamenti al concetto di sicurezza, in particolare per la centralità del ruolo assunto dalle informazioni e dalle tecnologie che sono diventate, insieme alle persone, alle infrastrutture e ai servizi primari, elementi fondamentali per la realizzazione della missione aziendale. È dunque evidente che occorre un approccio verso la sicurezza che tenga in giusto conto tutti questi elementi: un approccio integrato che consideri la protezione logica e fisica d' informazioni, infrastrutture e persone. In quest' ottica diventa primario comprendere il contesto di business nel quale opera l' azienda, per evitare non solo che si interrompano i servizi, ma anche che il verificarsi di problemi possano arrecare danni alla reputazione dell' azienda. A questo scopo è fondamentale innanzitutto impostare una strategia per la sicurezza ben definita e articolata, in modo da evitare che eventi dannosi possano essere determinati o favoriti dall' inadeguatezza delle politiche aziendali sulla sicurezza e dai relativi comportamenti. Nel frattempo, però, è altresì necessario impostare un sistema dotato di parametri convincenti e rilevanti per valutarne l' efficacia in relazione agli obiettivi di business. Senza queste caratteristiche, la sicurezza finirebbe con essere percepita come un puro costo per certi versi equiparabile a quello di un' assicurazione. Una delle difficoltà maggiori che incontrano le organizzazioni nell' adottare un approccio di business consiste proprio nel trovare il collegamento tra le esigenze di business e le tecnologie atte a garantire il livello di sicurezza di cui tali esigenze hanno bisogno. Di primo acchito, appare assurdo pensare ad antivirus, firewall, intrusion prevention system e ad altre tecnologie per l' Information Security come a fattori di successo per le attività aziendali e, in effetti, lo è, perché si tratta di elementi facenti parte di quello che deve essere considerato come un unico sistema integrato. In passato tali tecnologie sono state implementate in compartimenti stagni, ciascuno dedicato a una specifica singola funzione. Anche da un punto di vista tecnologico, tale architettura risulta oggi inefficace, a causa delle strategie d' attacco che utilizzano tecniche miste. Dal punto di vista del business, inoltre, si tratta di un approccio estremamente inefficiente poiché implica costi di gestione e manutenzione molto alti, nonché rallentamenti fino a intralciare i processi aziendali. È proprio questo approccio che ha reso la sicurezza un peso e un fastidio per molte imprese.

1.7 La sicurezza per ogni processo di business

Il primo passo in un approccio integrato, come accennato, consiste nella valutazione del rischio collegato a ciascun processo aziendale e, conseguentemente, ai beni informativi e fisici che a tali processi fanno riferimento. La prima fase sarà dunque di analisi e inventario e dovrà evidentemente coinvolgere l' impresa a tutti i livelli.

L' esigenza di impiegare misurazioni e fattori di correlazione tra minacce e impatti sul business è fondamentale per realizzare l' Information Security Governance, ovvero per indirizzare un processo continuo, teso al miglioramento del sistema per la gestione della sicurezza delle informazioni, allineato agli obiettivi dell' azienda.

Le minacce generano impatti con rischi di tipologia diversa: rischi legati ai dati (data driven), rischi legati alla carenza di governance (business driven) e rischi legati agli eventi (event driven). È anche importante però saper valutare la portata dei possibili impatti: alcuni eventi, quali i virus, pur avendo una frequenza molto elevata hanno un basso impatto, mentre altri eventi meno frequenti, quali i disastri naturali, possono averne di devastanti. Pertanto emerge chiaramente la necessità per le aziende di contrastare l' intero spettro dei rischi che hanno impatti potenziali sul proprio business: non si può più accettare di avere piani di sicurezza, piani di gestione e piani di disaster recovery separati. Quello che serve veramente è un piano strategico integrato che aiuti l' azienda a mitigare i rischi di diversa natura.

In generale, si possono identificare cinque macro aree chiave che vanno esaminate, perché identificano domini di rischio e impattano sui processi di business.

1.7.1 Individui e identità

L' accesso a risorse e informazioni aziendali deve essere garantito a tutte le persone che le devono utilizzare per portare avanti i processi di business. Sono inclusi ovviamente i dipendenti e, secondo i casi, una serie di altri individui che appartengono alla catena del valore: partner, consulenti, fornitori e clienti.

Analogamente e con la stessa efficacia ed efficienza, il suddetto accesso deve essere negato a tutti coloro che sono estranei al business aziendale.

È dunque fondamentale riconoscere e gestire l' identità di tali individui, ma questo è solo l' aspetto tecnologico. Da un punto di vista di business, infatti, la sfida consiste nel riuscire a gestire la variazione dinamica delle forze di lavoro e, su un altro fronte, nel poter influenzare, se non imporre, elevati livelli di sicurezza a chi è autorizzato all' accesso, siano essi i dipendenti o gli esterni autorizzati. È chiaro che per i primi è più facile, ma anche per loro ci sono da considerare non pochi aspetti collegati alle normative sul trattamento dei dati personali nonché ai regolamenti interni e ai contratti sindacali.

Un sistema di sicurezza appropriato dovrebbe prevedere un insieme di controlli per gestire efficacemente i privilegi d' accesso di ciascun individuo per tutte le soluzioni tecnologiche in essere in azienda, compreso l' accesso all' edificio o ad aree riservate, per esempio laboratori di ricerca, magazzini, data center.

1.7.2 Dati e informazioni

La business collaboration è il nuovo paradigma dello sviluppo aziendale. Il valore apportato dalla capacità di combinare esperienze e gruppo di lavoro con i partner è ben noto da tempo, ma la crescita dell' interazione resa possibile da Internet e dagli strumento del cosiddetto Web 2.0 apre ben altre possibilità, come hanno dimostrato attività innovative di marketing realizzate da grandi aziende per il lancio commerciale dei loro prodotti di punta. D' altro canto, nuove problematiche di sicurezza vanno confrontate con le opportunità di business. Le imprese devono facilitare il business collaborativo mettendo a disposizione la tecnologia necessaria, ma, al tempo stesso, devono proteggere la riservatezza di dati e informazioni critiche. È necessario comprendere quali sono gli elementi di criticità e impiegare metodologie adeguate per classificare, assegnare delle priorità e quindi proteggere i dati, sia quelli residenti su appositi sistemi sia quelli in transito sulla Rete e scambiati tra gli attori della collaboration.

Da non dimenticare, poi, gli aspetti connessi con la compliance: non basta realizzare un sistema di protezione, ma occorre essere in grado di dimostrare, anche con la dovuta documentazione, che i controlli di sicurezza implementati sono efficaci. Molto spesso, la carenza di personale o di personale qualificato è il principale problema per l' impresa che si trova a fronteggiare nella doppia complessità della gestione di un sistema per l' Information Security, che deve contemporaneamente garantire la potenza tecnologica dei controlli e della loro gestione e l' abilità nella produzione della reportistica per verificare la rispondenza alle normative.

1.7.3 Applicazioni

Le applicazioni sono la ragione stessa dell' infrastruttura informatica. Sono loro a rappresentare lo strumento di lavoro in azienda e sono sempre le applicazioni a guidare i vari passi dei processi di business. La loro protezione da minacce esterne e interne è dunque critica e deve essere attuata in maniera preventiva e proattiva per il loro intero ciclo di vita (dalla progettazione, allo sviluppo, all' implementazione, alla produzione), per impedire che l' interruzione di servizio per un' applicazione possa creare un blocco del business.

Da un lato questo implica il dotarsi delle molte soluzioni di sicurezza che occorrono per tale protezione, ma, soprattutto, è, da un altro lato, fondamentale definire le politiche di sicurezza e i processi che rendono questa applicazione un elemento utile e abilitante per il business, piuttosto che un più o meno inutile elemento di rischio aggiuntivo.

1.7.4 Rete ed endpoint

Tutti gli elementi che costituiscono l' infrastruttura ICT devono essere protetti, a partire dalla rete per toccare tutti i sistemi che a questa sono collegati come server, sistemi storage, client, notebook o palmari; più precisamente, ne deve essere garantita la sicurezza d' accesso e la disponibilità e impedito ogni possibile abuso. Negli ultimi anni gli attacchi sono diventati mirati e sono sempre più sofisticati, il che impone un continuo aggiornamento delle tecniche di protezione. Analogamente, obiettivi di business come la crescita dell' agilità aziendale o la capacità di rilasciare nuovi servizi alla clientela più rapidamente, pongono altre questioni circa l' utilizzo di strumenti per la virtualizzazione. Un sistema di sicurezza adeguato a tali esigenze di business deve dunque essere in grado di trattare sistemi fisici e virtuali allo stesso modo e garantire una sicurezza end to end per la continuità operativa.

1.7.5 Infrastruttura fisica

L' integrazione del sistema di sicurezza non può riguardare solo le tecnologie di protezione da attacchi informatici, bensì deve riguardare la convergenza tra sicurezza fisica e logica. Per il business e per la stessa confidenzialità delle informazioni è altrettanto importante la salvaguardia degli beni fisici e la tutela di impiegati e clienti. Per esempio, sorvegliare l' accesso a un data center con telecamere e altri dispositivi di monitoraggio ambientale è comunque un elemento a garanzia della continuità del business, che potrebbe essere messa a repentaglio da sabotaggi o da malfunzionamenti nell' impianto di condizionamento.

Aziende a contatto con il pubblico, come le banche o i supermercati, entrambe sensibili al pericolo di furti e rapine, già da tempo utilizzano sistemi di sorveglianza, ma l' integrazione tra sistemi di sicurezza logica e fisica forniscono vantaggi per tutte le tipologie d' impresa, accrescendone anche l' immagine e con essa il valore di capitale dell' azienda stessa.

1.8 Gli standard di riferimento per la Sicurezza delle Informazioni

L' International Standard Organization (ISO) ha da tempo individuato nella famiglia ISO/IEC 27000 gli standard di riferimento in materia di Sicurezza delle Informazioni.

Gli standard di questa famiglia sono in fase di completamento m ma a oggi possiamo contare senz' altro sui primi due: di questa famiglia sono in fase di completamento m ma a oggi possiamo contare senz' altro sui primi due:

ISO/IEC 27001 –Informmation Security Management Systems, che definisce i requisiti del Sistema di Gestione e della Sicurezza delle Informazioni e ne individua le principali fasi e attività;

ISO/IEC 27002 –Code of Practice for Information Security Management, che individua gli i principali domini in cui si articola la Sicurezza delle Informazioni e fornisce indicazioni sulle Best Practices da adottare in ciascuno di essi.

Lo Standard ISO/IEC 27 7001 definisce i requisiti del Sistema di Gestione della Sicurezza delle Informazioni (Information Security Management System –IS SMS), è lo standard per " stabilire, attuare, condurre, monitorare, riesaminare, mantenere attivo e aggiornato, e migliorare un sistema di gestione per la sicurezza delle informazioni" .

È una norma indirizzata alla linea manageriale delle organizzazioni e rappresenta il punto di partenza delle iniziative che dovranno essere avviate in materia di sicurezza delle informazioni prevedendo la definizione di un processo continuo di miglioramento istanziato tramite le fasi del paradigma Plan-Do-Check-Act.

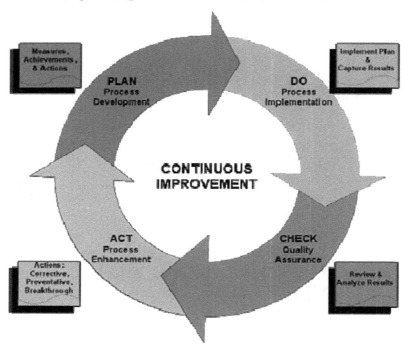

Schematizzazione della metodologia Plan-Do-Check-Act per affrontare i problemi e comprendere come risolverli. E' alla base del miglioramento continuo.

L' adozione del sistema di gestione deve essere parte della strategia di ogni organizzazione. La sua progettazione e la messa a punto saranno correlate alle esigenze e agli obiettivi dell' organizzazione, ai suoi requisiti di sicurezza, ai processi e ai beni da proteggere, alla sua dimensione e struttura.

Lo standard puntualizza l' architettura del controllo per la sicurezza delle informazioni: ne definisce i requisiti minimi, individua le aree di criticità, i relativi obiettivi di controllo e i controlli a essi correlati. La scelta degli obiettivi di controllo e dei controlli da introdurre, tra quelli proposti dalla norma, è conseguente alla identificazione e alle azioni di contrasto ai rischi potenziali cui sono esposte le informazioni, alle prescrizioni legali o regolamentari, agli obblighi contrattuali e ai requisiti per la sicurezza delle informazioni delle attività istituzionali/business dell' organizzazione.

Tra i principali requisiti alla base dello sviluppo del Sistema di Gestione della

Sicurezza delle informazioni la norma indirizza:

- la definizione dell' ambito d' azione della sicurezza delle informazioni,

- la formulazione di una politica di gestione della sicurezza che tenga conto delle attività istituzionali dell' organizzazione, delle sue dimensioni, delle relative strutture tecnologiche, dei beni da proteggere;

- la conduzione di un inventariazione dei rischi che individua e classifica i rischi, e promuove la formulazione di decisioni sulle azioni di mitigazione, raccordandole allo sforzo finanziario da sostenere per la loro realizzazione;

- la scelta degli obiettivi di controllo finalizzati alla mitigazione dei rischi nei diversi componenti del sistema;

- la scelta dei controlli utili a soddisfare gli obiettivi di controllo prescelti;

- il concorso decisionale della direzione per l' accettazione dei rischi residui;

- un processo che assicuri il continuo riscontro di tutti gli elementi del sistema di gestione della sicurezza attraverso interventi audit, monitoraggio delle azioni correttive, e verifiche manageriali;

- un processo che promuova il continuo miglioramento degli elementi del sistema;

- la predisposizione da parte della struttura responsabile di una " Dichiarazione di applicabilità" che puntualizzi le decisioni circa il trattamento dei rischi e il livello di rischio residuo accettato, descriva gli obiettivi di controllo e i controlli che sono stati attivati parzialmente, o non lo sono stati affatto, e formalizzi le opportune motivazioni.

La norma precisa anche le responsabilità della direzione per il mantenimento dell' impegno manageriale nella gestione dell' intero sistema, per la gestione delle risorse umane e tecniche dedicate, e per la divulgazione della cultura della sicurezza.

Lo Standard ISO/IEC 27002 individua i diversi domini di controllo, ognuno dedicato a una specifica area di soluzioni di sicurezza. Le singole aree affrontano e individuano le best practices di riferimento relativamente alle seguenti tematiche:

- Politica di sicurezza: documento riportante le policy e le regole di sicurezza emanate dall' azienda, la loro diffusione presso il personale e la periodicità dell' aggiornamento;

- Organizzazione di Sicurezza: struttura competente per quanto concerne le regole aziendali, le procedure, le modalità operative e gestionali dell' area sistemi informativi, i ruoli e le responsabilità di sicurezza e controllo, incluse le responsabilità delle terze parti coinvolte nella gestione dei servizi;

- Controllo e classificazione degli Asset: inventario e valutazione degli assets informatici (dati, applicazioni, software, sistemi hardware) considerati riservati/sensibili, critici o vitali in relazione agli obiettivi e alle strategie dell' azienda;

- Sicurezza del personale: piani di formazione delle risorse e del livello di sensibilizzazione del personale in tema di sicurezza, compresa la conoscenza delle procedure per la reazione a fronte di incidenti o malfunzionamenti;

- Sicurezza Fisica e ambientale: protezione fisica delle risorse informatiche (server, apparati TLC) e modalità di controllo accessi ai locali ove sono installate (CED);

- Gestione operativa e comunicazioni: riguarda la sicurezza di PC/ Workstation, backup e ripristino, server di rete e applicativi (posta elettronica, navigazione Internet, ETC);

- Controllo degli Accessi: meccanismi di protezione attivati sui sistemi informatici e sulla rete, la loro integrazione e le modalità operative sui vari ambienti e piattaforme;

- Acquisizione, sviluppo e manutenzione dei sistemi: separazione ambienti di sviluppo, test e produzione; modalità di definizione della sicurezza applicativa, modalità di collaudo e di passaggio in produzione, verifica delle procedure esistenti in relazione alla manutenzione delle applicazioni, gestione software applicativo acquisito dall' esterno;

- Gestione degli incidenti: capacità dell' azienda di gestire gli incidenti informatici attraverso la verifica della corretta definizione di ruoli e responsabilità e della presenza di procedure specifiche che, abilitando una immediata reazione correttiva, permettano di proteggere adeguatamente gli asset aziendali;

- Business Continuity: capacità di garantire la continuità delle attività di business dell' azienda tramite un piano di Business Continuity che preveda le soluzioni tecnologiche e le responsabilità organizzative per la ripartenza in casi di anomalie o di incidenti;

- Compliance: Adeguamento rispetto a standard di settore, indicazioni di legge (d.lgs. 196/03, copyright, ETC) e vincoli contrattuali verso terze parti.

1.9 Privacy e Amministratori di Sistema

Per quanto riguarda la privacy, è fondamentale considerare gli aspetti strategici legati alla gestione delle informazioni e dei dati. In particolare, i dati critici, normalmente, sono quelli anagrafici, dati sulla situazione di vita (quali elementi finanziari, credo religioso o appartenenza ad associazioni varie, stato di salute), quelli biologici (gruppo sanguigno, DNA e dati biometrici), dati derivati (come informazioni su polizze stipulate, livello di credito), dati soggettivi (valutazione sulla produttività e altre osservazioni raccolte dall' ufficio del personale) e altre informazioni ricavate da osservazioni varie (come le abitudini di acquisto, la dieta alimentare, gusti musicali). Nelle aziende, specie quelle grandi, spesso sono conservate molte più informazioni di quanto si immagini: basta considerare quanto tempo passa in ufficio e come, senza contare tutto quello che normalmente concerne contabilità e fiscalità, viene comunicato in azienda, magari per usufruire dell' organizzazione di attività di gruppo, la mensa o l' asilo aziendale, per avere l' accesso a sconti o facilitazioni presso negozi, spacci e affini o a possibilità di supporto, come appoggiarsi all' azienda per chiedere un mutuo, una polizza o altro. Una gestione accurata di questi dati aiuta a ridurre i rischi associati con la loro presenza in azienda, eliminando le ridondanze e implementando un' adeguata politica di controllo degli accessi e autorizzazioni.

Il garante per la privacy, sulla base del dlgs 196/03 e di tutte le successive modifiche, ha emanato una serie di provvedimenti che raccolgono tutti gli obblighi che sono a carico dell' azienda e degli amministratori di sistema, di rete e di database.

Per le aziende sono state previste nuove cautele da rispettare nella scelta e nomina degli amministratori di sistema. L'individuazione precisa e responsabile di tali soggetti, infatti, riveste una notevole importanza, perché è una delle scelte fondamentali all'interno di un'azienda e contribuisce a incrementare la complessiva sicurezza dei trattamenti svolti. Basti pensare, infatti, che molto spesso l'amministratore di sistema è dotato di una particolare posizione a cui spetta anche la capacità di stabilire −in raccordo con il titolare e/o eventuali altri responsabili dei relativi trattamenti −chi può accedere in modo privilegiato alle risorse del sistema informativo e a tutti i dati personali aziendali (anche sensibili): per tale motivo gli amministratori di sistema devono essere scelti con particolare attenzione, poiché i rischi che possono correre le banche dati o le reti informatiche sono sempre più elevati.

Dopo le recenti e numerose modifiche normative o "di prassi" a cui abbiamo assistito negli ultimi tempi, viene pubblicato un ulteriore provvedimento del Garante Privacy che introduce un nuovo adempimento in materia di gestione e protezione dei dati personali trattati attraverso sistemi informatici e di garanzia della sicurezza degli stessi dati e sistemi.

Il Garante Privacy, infatti, con un provvedimento del 27 novembre 2008 ("Misure e accorgimenti prescritti ai titolari dei trattamenti effettuati con strumenti elettronici relativamente alle attribuzioni delle funzioni di amministratore di sistema"), ha introdotto l'obbligo per gli amministratori di sistema (compresi coloro che svolgono la mansione di amministratore di rete, di data base o i manutentori), di conservare gli "access log" per almeno sei mesi in archivi immodificabili e inalterabili.

Devono, cioè, essere adottati sistemi idonei alla registrazione degli accessi logici, ai sistemi di elaborazione e agli archivi elettronici da parte degli amministratori di sistema e, novità forse più importante, gli access log devono avere le caratteristiche di completezza, inalterabilità e possibilità di verifica della loro integrità adeguate al raggiungimento dello scopo di verifica per cui sono richieste; ciò vuol dire che le registrazioni devono avere i riferimenti temporali certi e la descrizione dell'evento che le ha generate e devono essere conservate per un congruo periodo (non inferiore a sei mesi).

I titolari dovranno altresì favorire una più agevole conoscenza, nell'ambito della propria organizzazione, dell'esistenza di eventuali amministratori di sistema: è importante garantire, in questo modo, la conoscibilità dell'esistenza di tali figure e di chi svolge ruoli analoghi all'interno di tutti gli enti e le organizzazioni; viene precisato, inoltre, che gli amministratori di sistema, indipendentemente se nominati incaricati o responsabili del trattamento, devono essere sempre persone fisiche ben individuate all'interno del DPS e il loro nomi devono essere comunicati o resi conoscibili da tutti i soggetti interessati.

A parere di chi scrive, quindi, per evitare spiacevoli sanzioni, ogni titolare dovrà verificare che tale elencazione sia stata effettuata nell'ambito del prossimo aggiornamento annuale del DPS e, nei casi in cui il titolare non sia tenuto a redigerlo, si dovrà provvedere ad inserire il nominativo degli amministratori di sistema in un documento interno da mantenere aggiornato e disponibile in caso di accertamenti anche da parte del Garante.

Se poi l'attività degli amministratori di sistema riguarda, anche indirettamente, servizi o sistemi che permettono il trattamento di informazioni di carattere personale di lavoratori, i titolari pubblici e privati, in qualità di datori di lavoro, sono tenuti a rendere nota o conoscibile l'identità degli amministratori di sistema all'interno delle proprie organizzazioni attraverso apposita informativa ex art. 13 d.lgs. 196/2003

I titolari del trattamento avranno, altresì, un obbligo di verifica annuale sull'operato degli amministratori di sistema, per controllare la rispondenza o meno alle misure organizzative, tecniche e di sicurezza rispetto ai trattamenti dei dati personali previste dalla normativa vigente.

Proviamo ora ad esaminare i motivi per i quali il Garante ha ritenuto necessario introdurre tale ulteriore adempimento:

- In primo luogo, gli amministratori di sistema, o coloro che gestiscono l'accesso a banche dati, sono generalmente preposti a operazioni da cui discendono grandi responsabilità ed elevate criticità rispetto alla protezione dei dati personali a cui hanno accesso. Ricordiamo, infatti, che per sua natura l'amministratore di sistema è dotato di una capacità di azione propria e di un rapporto fiduciario che lo lega al titolare nello svolgimento delle relative mansioni (ruolo così importante per le aziende e per le grandi organizzazioni pubbliche e private, tanto da farlo nominare a volte anche quale responsabile del trattamento). Ma anche nelle piccole realtà tale figura riveste una certa importanza, perché dovrebbe essere preposto a compiti di vigilanza e controllo del corretto utilizzo del sistema informatico gestito e utilizzato;

- In secondo luogo, le attività di backup o disaster recovery (regolamentate anche nel Codice Privacy), l'organizzazione dei flussi di rete, la gestione dei supporti di memorizzazione o la semplice manutenzione hardware comportano la possibilità per tali soggetti di agire sulle informazioni critiche aziendali, attività tutte che ricadono nella definizione di "trattamento di dati personali", anche quando l'amministratore non consulti in chiaro tali informazioni;

• Le funzioni tipiche dell'amministrazione di un sistema sono specificatamente richiamate all'interno dell'allegato B del Codice Privacy, laddove si prevede l'obbligo per i titolari di assicurare la custodia delle componenti riservate delle credenziali di autenticazione. Si è voluto, quindi, assicurare un maggiore controllo su chi di fatto si occupa dell'assolvimento degli adempimenti previsti nello stesso allegato B, ovvero adempimenti che in genere sono affidati all'amministratore di sistema: realizzazione di copie di sicurezza, custodia delle credenziali, gestione dei sistemi di autenticazione e di autorizzazione, etc.;

- Infine, vi sono alcuni reati previsti dal codice penale per i quali il rivestire la funzione di amministratore di sistema costituisce una circostanza aggravante (abuso della qualità di operatore di sistema nell'accesso abusivo a sistema informatico o telematico –art. 615 ter c.p. –o di frode informatica –art. 640 ter c.p. –, oppure per le fattispecie di danneggiamento di informazioni, dati e programmi informatici –artt. 635bis e ter c.p. –e di danneggiamento di sistemi informatici e telematici –artt. 635–quater e quinques).

Con tale provvedimento il Garante ha, così, lanciato un ulteriore monito a tutti i titolari del trattamento, invitando ad affidare tale incarico, sia in qualità di responsabile sia di incaricato, a soggetti che siano affidabili, prima di tutto, oltre che capaci ed esperti, poiché devono fornire idonea garanzia del pieno rispetto delle disposizioni in materia di corretto trattamento, compreso il profilo relativo alla sicurezza informatica (in considerazione anche delle responsabilità, di natura penale e civile, che possono derivare in caso di incauta o inidonea designazione).

Infatti, il titolare può designare facoltativamente uno o più responsabili del trattamento, solo tra soggetti che "per esperienza, capacità e affidabilità forniscano idonea garanzia del pieno rispetto delle vigenti disposizioni in materia di trattamento, ivi compreso il profilo relativo alla sicurezza" (art. 29, comma 2, del Codice). Si dovrà procedere, pertanto, con designazioni individuali, contenenti la descrizione analitica degli ambiti di operatività consentiti in base al profilo di autorizzazione assegnato.

Tutto quanto enunciato si sarebbe dovuto rispettare decorsi sei mesi dalla pubblicazione del provvedimento per tutti i trattamenti già in essere o che iniziano entro il 22.01.2009.

1.10 Mitigazione delle minacce e protezione di transazioni e dati

In questa area le problematiche sono soprattutto di natura tecnologica e sono relative alla protezione dell' infrastruttura. Si tratta della " prima linea" nella cosiddetta Cyber War: da un parte i " cattivi" che sviluppano sempre più sofisticate minacce per sferrare attacchi fortemente mirati e, dall' altra, i " buoni" che attuano logiche preventive per anticipare le mosse dell' avversario.

L' aspetto di business più importante da considerare in quest' area riguarda le priorità da assegnare ai vari elementi da proteggere anche se questi sono quasi sempre critici: basti pensare alle transazioni che sono parte integrante, ormai, di tutti i processi di business, e di quanto siano sempre più dipendenti dalla tecnologia informatica.

1.11 Identity e Access Management

Per quanto concerne il business, è importante capire che l' assegnazione di privilegi per l' accesso alle risorse non è una decisione strategica dell' IT, ma di chi assegna a ciascun individuo le mansioni che egli dovrà esercitare. Sempre più si tende a coinvolgere il responsabile delle risorse umane e altre figure di business nella definizione di ruoli standard per rendere il più automatica possibile la definizione dei profili utente. È fondamentale, comunque, documentare adeguatamente, anche ai fini della conformità alle normative, chi può fare cosa e comunicarlo con accuratezza ai diretti interessati, al fine di evitare errate interpretazioni.

Una errata assegnazione di diritti di accesso a risorse condivise può limitare il lavoro degli operatori o viceversa favorire la diffusione di informazioni riservate all' esterno del gruppo di lavoro interessato da tali dati.

L' utilizzo di un sistema di autenticazione e autorizzazione centralizzato come Active Directory di Microsoft (o omologamente LDAP di Linux) consente di effettuare un censimento di tutti gli utenti in un unico servizio di directory e la gestione della autorizzazione per l' accesso a tutte le risorse di rete (stampanti, cartelle condivise, accessi ad applicazioni) in maniera centralizzata. Operando in tal modo, in qualunque momento è possibile intervenire sulla revoca o sull' assegnazioni di particolari privilegi nei confronti di qualunque utente, rendendo flessibile, efficace ed efficiente la gestione dell' Identity e Access management.

L' utilizzo di un sistema centralizzato ha inoltre il beneficio di mantenere il servizio di directory sempre in ordine, al presentarsi del turn over delle risorse umane

1.12 L' Information Security Governance

La necessità di legare sicurezza e business si esplica attraverso un approccio orientato alla governance della sicurezza, in quanto parte dell' IT Governance a sua volta elemento della Governance d' impresa.

Sicurezza ⟺ Business

Governance di Impresa

IT Governance

Security Governance

La sicurezza informatica deve essere governata a tutti i livelli aziendali secondo diversi approcci

Il governo della sicurezza parte da un concetto molto semplice: non esiste la sicurezza assoluta, né la sicurezza eterna. Se è dunque necessario accettare un livello di rischio, è evidentemente opportuno imparare a gestire questo rischio e questa è una pratica di business.

L' Information Security Governance rappresenta il modello di riferimento necessario per indirizzare e controllare l' implementazione di un programma di sicurezza in un' organizzazione. Descrive le strategie, le politiche, i ruoli, le responsabilità e i servizi attraverso i quali predisporre in modo strutturato iniziative di sicurezza in linea con gli obiettivi di business definiti dai vertici dell' azienda.

La realizzazione di un sistema di governance dell' IT e della sicurezza aziendale richiede l' adozione di un approccio metodologico che sia in grado di tradurre le politiche e le strategie aziendali in pratica quotidiana, di gestire l' evoluzione della domanda del mercato, minimizzare i rischi e gli impatti per l' operatività dell' azienda, attraverso un processo continuo e integrato che armonizzi le richieste del business e quelle dell' IT.

Le policy hanno l' obiettivo di dimostrare che l' azienda fornisce risposte in merito alle crescenti richieste di integrità, trasparenza, responsabilità e consapevolezza del ruolo etico e sociale svolto. Le imprese sono tenute a tutelare i dati dei clienti e a utilizzare le informazioni, i sistemi e le reti in modo da soddisfare aspettative ampiamente riconosciute dal mercato. Queste aspettative sono stabilite da regole sociali, obblighi, norme per l' uso responsabile di Internet, codici etici aziendali e professionali e un insieme crescente di leggi nazionali e internazionali che ne richiedono la conformità da parte dell' azienda. Le politiche devono indirizzare l' utilizzo etico delle informazioni, riportando la titolarità, i requisiti di privacy e individuando i potenziali rischi di business per l' azienda e i legittimi proprietari. Questi ultimi stanno dimostrando nel tempo una crescente attenzione verso gli aspetti dell' etica e richiedono che i propri interessi vengano rispettati. Il processo di gestione del rischio dovrà essere sviluppato attraverso le fasi di:

- Assessment, ovvero di valutazione e analisi delle minacce e degli impatti sugli asset aziendali (infrastrutture, informazioni, applicazioni, organizzazione e processi)

- Plan, ossia l' individuazione degli obiettivi di sicurezza, delle modalità tecniche e organizzative di protezione e la definizione del sistema di misurazione del livello di sicurezza

- Implement, che consiste nella realizzazione delle soluzioni tecnologiche e delle procedure di prevenzione e di controllo

- Manage, ovvero il monitoraggio e il controllo continuo delle infrastrutture di sicurezza, il rispetto della conformità alle normative, il miglioramento della capacità di reazione agli incidenti, nonché l' incremento dei livelli di servizio forniti all' organizzazione e agli utenti.

Strettamente connessa a queste attività nasce poi l' esigenza di monitorare e misurare il rispetto delle politiche e dei processi stabiliti dall' azienda: questi controlli costituiscono infatti la base indispensabile per dimostrare il raggiungimento dei risultati attesi e migliorarne i valori nel tempo. In particolare, per quanto riguarda la suddetta fase di " manage", ovvero di monitoraggio e controllo nel processo di Governance e Gestione del rischio, è possibile definire e applicare un preciso modello di governo. Gli obiettivi della governance, infatti, si possono ottenere con la predisposizione di modelli operativi e di strumenti attraverso cui rilevare, misurare e valutare lo stato della sicurezza in funzione di obiettivi pianificati, aspetto fondamentale per comprendere e attuare un processo di continuo miglioramento della sicurezza. A partire dai controlli implementati a livello tecnologico sul campo, attraverso opportune aggregazioni, correlazioni e analisi è possibile controllare gli indicatori di qualità della sicurezza in essere e intervenire con azioni di miglioramento.

Per ciascun livello di management sono disponibili informazioni nella forma di cruscotti, rapporti, log e sistemi di allarme, compatibili con i ruoli organizzativi interessati; le informazioni prodotte consentono di avere una visione completa ed esaustiva del modello di governo della sicurezza anche in ottica conformità e supporto ai processi di audit (interni/esterni).

1.13 Il Data Centric Security Model

Generalmente i responsabili (decision maker) delle aziende non sono direttamente coinvolti con gli aspetti di gestione delle infrastrutture di sicurezza presenti nelle loro imprese. Tradizionalmente infatti la gestione delle risorse in materia di sicurezza è affidata a un piccolo gruppo di professionisti specializzati e competenti, che poi provvedono a mantenere informata la dirigenza dell' azienda.

Il fenomeno della diffusione di minacce informatiche sempre più sofisticate e articolate e il fatto che la protezione delle risorse critiche aziendali richiede soluzioni di sicurezza sempre più complesse, non sempre trova un riscontro efficace a causa del difetto comunicativo che a volte esiste tra i decision maker e i responsabili della sicurezza IT. Per gli stessi motivi sta aumentando anche il rischio di interpretare in maniera errata le strategie e le politiche dell' azienda proprio quando, nelle fasi di rapida trasformazione della stessa, le strategie e le politiche devono tradursi in controlli tecnicamente sicuri.

Un modello per la gestione della sicurezza aziendale che permette di superare questo ostacolo è il Data Centric Security Model (DCSM), la cui caratteristica principale è proprio quella di affidare la gestione delle politiche di sicurezza agli stessi decision maker. In questo modo le decisioni aziendali possano essere attuate in maniera diretta senza l' effetto dispersivo di un' interpretazione a più livelli dell' organizzazione e con il beneficio di riuscire a cogliere la correlazione diretta tra le strategie dell' azienda e i meccanismi di sicurezza a supporto. L' approccio DCSM vuole essere un punto di partenza per un dibattito costruttivo e fornisce altresì una ricca piattaforma di ricerca in materia di gestione della sicurezza rivolta al business.

Come è stato evidenziato, è difficile ma fondamentale definire le priorità di intervento in base alle esigenze di business e determinare e implementare il livello adeguato di sicurezza IT necessario per la loro protezione, cosa che si propone di fare il Data Centric Security Model.

Il punto di partenza è la strategia aziendale che il business manager deve aver sviluppato per realizzare la visione dell' azienda. Una strategia aziendale consiste in un piano d' azione con cui un' impresa si propone di ottenere e sostenere un vantaggio competitivo. I suoi obiettivi, che fungono da indicatori per la misurazione e valutazione del suo successo, sono generalmente incentrati sui seguenti aspetti:

- Massimizzazione del valore per gli azionisti.

- Mantenimento e acquisizione di clienti.

- Riduzione dei costi di gestione del business.

- Mantenimento e miglioramento della competitività di mercato.

- Mantenimento della continuità aziendale e della capacità di ripresa.

- Ottenimento e mantenimento della conformità alle norme esistenti.

- Gestione e potenziamento dell' immagine aziendale sul mercato.

- Attuazione di nuovi investimenti.

- Identificazione e sfruttamento di nuove opportunità commerciali.

Le informazioni assumono un' importanza chiave nella realizzazione di tali obiettivi strategici. Le tecnologie IT di sicurezza, quali sistemi di intrusion detection e prevention, soluzioni contro la perdita di dati, antivirus, firewall, strumenti per l' applicazione delle politiche di protezione dei dati e le soluzioni VPN svolgono un ruolo fondamentale nell' ottenere una protezione efficace dei sistemi necessari alla realizzazione dei suddetti obiettivi di business. Questi non sono obiettivi strategici in quanto tali, tuttavia, guardando oltre i dettagli specifici delle varie tecnologie e sistemi, si osserva che la sicurezza IT contribuisce a stabilire un senso di fiducia e a mitigare i fattori di rischio. In questo senso, ha quindi un impatto considerevole sulla maggior parte dei suddetti obiettivi.

La priorità principale sul piano della sicurezza deve essere quella di proteggere i dati critici, i processi base nonché la fiducia riposta nell'azienda da altre imprese, dai clienti e dagli azionisti. I clienti e le aziende sono più propensi a stabilire rapporti di collaborazione con organizzazioni di cui si fidano. Un' azienda, specie se si propone come marchio noto, sarà molto preoccupata di riuscire a mantenere la propria reputazione di partner di business fidato. Con riferimento alla sfera IT, la fiducia si manifesta principalmente nei metodi con cui vengono creati, raccolti, immagazzinati, elaborati e infine distribuiti i dati.

Le interdipendenze tra gli obiettivi di business e quelli della sicurezza si manifestano nell' implementazione e nel supporto dei processi di business. Ne consegue che il primo intervento da effettuare, al fine di ridurre il divario tra sicurezza e obiettivi di business, è quello di identificare le risorse aziendali chiave ed esaminare i rischi a esse associati.

Fondamentalmente le aziende dipendono in larga parte dalle risorse informative di cui dispongono. Queste rappresentano infatti il " manufatto" commerciale più rilevante e prezioso che una società possa possedere, in quanto: le informazioni costituiscono il know-how di un' azienda, i processi di business essenziali per l' azienda operano in funzione delle informazioni e i rapporti di fiducia tra le società sono mantenuti attraverso lo scambio di informazioni (spesso sensibili).

Il Data Centric Security Model parte dal dato di fatto che non tutte le informazioni hanno la stessa importanza e il livello di sicurezza da adottare deve essere determinato in funzione del loro valore di business. Al fine di identificare quest' ultimo, un' impresa può analizzare tre aspetti significativi: il valore di business delle informazioni, i processi di business che le utilizzano e le relazioni di business che esse supportano.

Questo è un compito complesso che deve essere adattato alle esigenze specifiche di ciascuna azienda: per esempio, le società finanziarie tendono a essere più interessate alle informazioni relative agli investimenti dei loro clienti piuttosto che alle informazioni relative ai loro dipendenti.

Una volta determinato il valore dei dati si può procedere alla definizione e conseguente giustificazione dei relativi controlli di sicurezza da realizzare, sulla base delle esposizioni ai rischi.

Il DCSM consente alle organizzazioni di far fronte alla mancanza di correlazione tra la tecnologia di sicurezza IT e gli obiettivi della strategia di business. Il modello propone infatti di collegare i servizi di sicurezza direttamente ai processi di business, instaurando una correlazione diretta tra i servizi di sicurezza e i dati stessi che si vogliono proteggere. Tale rapporto viene molto spesso oscurato dalla percezione della sicurezza come entità fine a se stessa.

Nel DCSM il focus del modello si concentra sulla classificazione dei dati in base al livello di sicurezza da garantire loro. Questa determina poi le proprietà e le politiche di controllo dell' accesso che disciplinano l' utilizzo dei dati da parte delle applicazioni, le quali gestiscono i processi di business. Dai servizi di sicurezza e i meccanismi su cui essi si fondano, possono essere ricavate le interfacce per il supporto diretto delle politiche e per la gestione dei dati. Il DCSM non richiede importanti modifiche dell' assetto dei servizi di sicurezza, anzi esso ne sfrutta le funzionalità esistenti integrandole e adattandole in modo da essere interpretate e comprese direttamente dai soggetti responsabili della definizione e gestione dei processi di business. In questo modo, la sicurezza può essere intesa come elemento di supporto diretto sia ai processi sia agli obiettivi di business.

L' approccio DCSM non crea questo legame attraverso i dati, ma porta alla luce quei componenti dei dati relativi alla metodologia di sicurezza, che spesse volte sono oscurati dalle formalità e dalla terminologia tipica della sicurezza. Il fine di tutte le tecnologie della sicurezza è quello di proteggere i dati, e tutti i protocolli e le funzioni di sicurezza sono rivolte a un uso appropriato dei dati.

Il principio espresso dal DCSM è in sostanza un riposizionamento delle funzionalità di controllo dei dati con il supporto dei servizi di sicurezza IT nell' ambito dei modelli di sicurezza esistenti. Si sposta l' attenzione sulle Informazioni (" I") e il loro valore rispetto alla Tecnologia (" T") in un contesto di IT Security.

Generalmente, queste funzionalità di controllo dei dati non vengono enfatizzate a sufficienza, ma è proprio questo aspetto dei servizi di sicurezza che creerà il legame con i processi di business. Inoltre, il DCSM non dipende esplicitamente da tecnologie o prodotti di sicurezza specifici ed è altresì indipendente dall' infrastruttura di base. Il DCSM non implica nessun tipo di modifica ai metodi di applicazione delle politiche al sistema IT di base, esso fornisce semplicemente uno strumento per individuare e monitorare i requisiti di business sulla base di controlli di sicurezza tangibili.

La prima funzione del modello DCSM è quella di definire una serie di direttive per la gestione integrata dei dati, in funzione delle politiche di business. La seconda funzione del DCSM è quella di determinare quali siano i servizi di sicurezza adeguati a sostegno di tali direttive. Le direttive sono divise in due parti, di cui la prima si occupa della classificazione dei dati di business. Una classe può essere determinata in funzione della proprietà dei dati e di specifici requisiti di sicurezza, per esempio:

- Da dove provengono i dati?
- Chi è il proprietario dei dati?
- Chi controlla i dati?
- Chi o cosa conserva i dati?
- Di che tipo di dati si tratta?

Per ciascuna classe di dati, vengono definiti specifici requisiti di sicurezza orientati al business che disciplinano come devono essere trattati e protetti i dati in funzione della classe di appartenenza. Per esempio le decisioni di politiche che definiscono le modalità di gestione dei dati possono includere:

- Chi o cosa può utilizzare i dati?
- A quale scopo?
- Possono essere condivisi?
- A quali condizioni?
- Dove verranno conservati i dati?
- Per quanto tempo verranno conservati?
- È necessario proteggerli?
- Quando viene fatto il back-up? Durante l' utilizzo?
- Quali sono le modalità di diffusione dei dati?
- Quale sottoclasse di dati può essere diffusa?
- Che tipologia di protezione deve essere attuata?
- Occorre distorcere i dati o proteggerli con la tecnica del watermark, una sorta di filigrana digitale?

Ciascuna di queste problematiche relative alla gestione dei dati ha un impatto diretto sul business: più precisamente, sulla protezione della conoscenza intellettuale e di business, il mantenimento dell' integrità dei processi di business e infine il rispetto delle normative vigenti.

L' interdipendenza tra le suddette direttive e i servizi di sicurezza è altrettanto evidente: infatti, la conferma dell' origine e proprietà dei dati dipenderà dai servizi di autenticazione e provenienza, la modifica dei dati dai servizi di autorizzazione, gestione, revisione e controllo di accesso; la tutela dei dati dai servizi sulla riservatezza, privacy e controllo della divulgazione; infine l' archiviazione dei dati dai servizi di integrità e affidabilità. I meccanismi alla base di questi servizi di sicurezza possono essere complessi e fanno parte dei servizi relativi all' infrastruttura IT. Tali dettagli sono però nascosti nel modello DCSM.

Nell' ambito della gestione della sicurezza, l' enfasi si sta spostando dalle difese di tipo network-based a quelle di tipo host-based. Estendendo questo approccio di difesa a strati, oltre il modello di sicurezza host-based, ai dati che vengono protetti su quegli stessi host, si arriva proprio alla soluzione DCSM. Al fine di riuscire a gestire questi strati difensivi multipli, il DCSM definisce un approccio integrato che unisce insieme requisiti e politiche. Nella figura seguente si può osservare questo principio nell' ambito del

Modello DCSM dove i dati sono posti al centro di tutte le attività e le operazioni. Dal punto di vista del business, l' obiettivo primario nel creare un DCSM è quello di identificare il proprietario dei dati, sia esso un individuo, un cliente o un settore di attività. I requisiti necessari vengono raccolti sia nell' ambito legislativo sia di business, in particolare da norme e direttive che disciplinano l' utilizzo e la gestione di tipologie specifiche di dati. I dati vengono classificati utilizzando una terminologia commerciale mentre le politiche di controllo dell' accesso vengono definite tramite l' utilizzo di ruoli organizzativi.

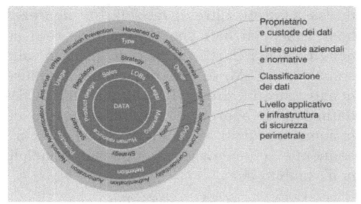

Il DCSM definisce la centralità dei dati e predispone un modello fra i diversi livelli applicativi e procedurali

I due componenti principali alla base del Data Centric Security Model sono i servizi per la gestione delle politiche di sicurezza (Policy Pillar) e quelli relativi la gestione dell' accesso alle informazioni (Data Pillar). Naturalmente il modello è integrato da servizi di Identity Management necessari per la gestione delle identità, delle utenze e dei relativi profili autorizzativi. Le politiche e le normative societarie così come le norme legislative esprimono politiche di gestione dei dati in termini di requisiti, sia interni sia esterni all' impresa. Il modello prevede l' utilizzo di tali requisiti al fine di determinare una classificazione dei dati di business di carattere generale, rappresentativa dell' insieme delle categorie e attributi utilizzati. Il fine è quello di identificare le politiche generali di governance dei dati. La classificazione dei dati e le regole per il loro trattamento vengono quindi codificate all' interno di norme di controllo Data Control Rules (DCR) che rappresentano le politiche di gestione e controllo dei dati.

Il data pillar del DCSM poggia su un' infrastruttura di sicurezza che fornisce funzioni di sicurezza base, quali difesa perimetrale, protezione dei dati e incapsulamento dei dati durante le fasi di trasmissione.

L' accesso ai dati e le azioni permesse in riferimento a essi vengono controllate dal Data Control Layer (DCL). Questo servizio è studiato per implementare le politiche (astratte) espresse in termini di regole di controllo accesso (DCR) e fa affidamento sui servizi di sicurezza e protezione dati presenti all' interno dell' infrastruttura IT. Il servizio ottiene il contesto di accesso (es. utenti autenticati) e poi lo utilizza per determinare se può essere consentito l' accesso ai dati. L' infrastruttura IT è configurata per supportare le politiche di sicurezza che sono state ricavate dai DCR. Le applicazioni di business hanno accesso ai dati attraverso il DCL, il quale utilizza le politiche di governance dei dati così come previste a livello DCR.

Nella parte alta del data pillar si trova un componente di autenticazione, che identifica gli utenti e assegna loro determinati ruoli in funzione delle politiche di autenticazione fornite dal policy pillar. Per garantire la protezione senza il bisogno di apportare significative modifiche alle applicazioni, si fa leva su un modello di astrazione dell' applicazione che consente di mappare la terminologia tra i vari contesti applicativi, in funzione delle normative societarie di governance dei dati. Questo consente al DCL di comprendere il contesto dell' applicazione senza il bisogno di particolari adattamenti dello stesso alle politiche di sicurezza.

Il DCSM fornisce strati di protezione che sono coerenti con le politiche e le normative organizzative e societarie; gli standard societari sono invece utilizzati per vietare (o consentire) l' accesso ai dati da parte degli utenti. Il grado di sensibilità dei dati determinerà poi le giuste misure di protezione da adottare in ogni fase del processo di richiesta dei dati.

I servizi all' interno dell' infrastruttura vengono impiegati per proteggere i dati critici, mentre dal piano societario di accettazione del rischio dipenderà l' utilizzo appropriato delle tutele tecniche a livello infrastrutturale e di applicazione. L' infrastruttura di sicurezza fornisce al DCL servizi che sono definiti in termini di politiche di controllo dei dati. In questo contesto, un' istruzione contenuta in una policy, come per esempio " dati di tipo X da trasportare in maniera sicura" , si tradurrebbe in una richiesta da parte del DCL al servizio di trasporto protetto dell' infrastruttura di sicurezza. Tale servizio, a sua volta, potrebbe fare affidamento su un protocollo quale l' SSL, che a sua volta potrebbe utilizzare autenticazioni basate su certificati in svariati modi. In ogni caso queste informazioni rimarrebbero nascoste al DCL. Se il richiedente dei dati è un dipendente mobile, il requisito di trasporto protetto potrebbe essere soddisfatto semplicemente utilizzando una connessione VPN protetta, dettaglio ancora una volta tenuto nascosto al DCL.

PARTE 2

La sicurezza informatica nella Pubblica Amministrazione

2.1 Introduzione: Aspetti normativi e loro applicazione

La crescita esponenziale del settore ICT, delle interconnessioni fra i sistemi e delle applicazioni utilizzate, accende sempre più i riflettori sull' aspetto della sicurezza informatica e del trattamento dei dati. Se per un' azienda privata tale aspetto, è fondamentale per la continuità e l' affidabilità del suo business, la Pubblica Amministrazione, deve considerare la sicurezza informatica un elemento assoluto da gestire per garantire i dati custoditi e le transazioni eseguite fra il Cittadino e la Pubblica Amministrazione necessitando di un cambio dei modelli organizzativi che gestiscono il trattamento dell' informazione. A questo scopo nel 2002 è nato lo CNIPA, Centro Nazionale per l'Informatica nella Pubblica Amministrazione (già AIPA), ente pubblico alle dipendenze della Presidenza del Consiglio dei Ministri, sorto per attuare il piano emanato dal Ministero per l' innovazione Tecnologica.

In questo contesto i riferimenti alla sicurezza sono espliciti e strutturali tanto nei mezzi (Firma digitale, posta elettronica certificata, carte elettroniche) che nelle modalità di fruizione. E non potrebbe essere altrimenti. Senza sicurezza, ad esempio, nella validità, autenticità e disponibilità delle informazioni, senza la difesa di tali informazioni da intrusioni e abusi l'intero progetto vedrebbe minata la sua stessa esistenza.

L' entrata in vigore del Codice per l' amministrazione Digitale stabilisce precisi diritti che imprese e cittadini possono esercitare riguardo le comunicazioni con la Pubblica Amministrazione e il pagamento di oneri e tributi, la gestione di dati personali.

Strumenti quali la firma digitale, la posta elettronica certificata e le carte elettroniche devono essere gestiti in maniera rigorosa poiché tutelano e garantiscono la validità, l' autenticità e la disponibilità delle informazioni. Col passare degli anni ciò che è stato disposto dal Codice va sempre più prendendo coscienza negli operatori pubblici e la sensibilità per tale tema è in crescita.

La Pubblica Amministrazione sta compiendo sforzi notevoli per la digitalizzazione delle informazioni ma nello stesso deve garantirla da abusi e accessi non consentiti, azione che è sempre più complessa per la crescita degli utenti, l' aumento delle velocità di connessione, l' accrescimento del valore delle informazioni, la maggiore diffusione della conoscenza informatica e soprattutto per la sofisticazione sempre crescente dei sistemi d' intrusione.

La Pubblica Amministrazione non è solo uno dei "tanti fornitori d' informazioni" in rete ma anche il garante di validità e di legalità di transazioni e documenti, d' identità dei cittadini, il soggetto con il più alto numero di dati sensibili da tutelare: insomma la protezione dei sistemi informatici della PA non è una necessità "aziendale" ma un interesse pubblico.

2.1.1 L' attività legislativa e istituzionale

Il Decreto interministeriale siglato il 24 luglio 2002 fra il Ministro per l' Innovazione e le Tecnologie e il Ministro delle Comunicazioni, ha istituito il "Comitato tecnico nazionale sulla sicurezza informatica e delle telecomunicazioni nelle pubbliche amministrazioni". I compiti di questo Comitato sono molteplici. Essi vanno dalla predisposizione di un piano nazionale, alla definizione dell'apposito modello organizzativo; dalla formulazione di proposte in materia di certificazione e valutazione, all'elaborazione di linee guida riguardanti la formazione dei dipendenti; la riduzione delle vulnerabilità dei sistemi informatici e la garanzia di integrità e affidabilità dell' informazione pubblica.

La Direttiva del 16 gennaio 2002 dal titolo " Sicurezza informatica e delle Telecomunicazioni nelle PA statali" raccomanda a tutti gli organi pubblici l' adozione di misure minime di sicurezza, tali da garantire la tutela del loro patrimonio informativo. Il Comitato, dal luglio 2003, ha concluso la stesura del 1° documento di riferimento per la sicurezza ICT nella PA: " Proposte concernenti le strategie in materia di sicurezza informatica e delle telecomunicazioni (ICT) per la Pubblica Amministrazione.

Nel 2004 e' stato redatto dal Gruppo di Lavoro istituito presso il CNIPA il documento: "Linee guida per la sicurezza ICT delle pubbliche amministrazioni" (Piano Nazionale della sicurezza delle ICT per la PA, Modello organizzativo nazionale di sicurezza ICT per la PA). Rappresenta una concreta azione di promozione della "cultura della sicurezza" nel settore dell' informatica pubblica. Contiene le indicazioni atte a permettere alla PA la redazione del Piano nazionale della sicurezza e la predisposizione del modello organizzativo nazionale di sicurezza ICT.

I punti salienti che vengono toccati dai documenti citati sono:

- Adozione di una metodologia di analisi del rischio, secondo cui il sistema viene dapprima classificato e poi viene approfondita l' analisi solo se viene considerato ad " alto rischio"

- Adozione di un piano di Business Continuity, che consente di individuare tutte le misure (tecnologiche e organizzative) atte a garantire la continuità dei processi dell' organizzazione in funzione del loro valore e della qualità dei prodotti/servizi erogati tramite il supporto dell' infrastruttura di ICT, prevenendo e minimizzando l' impatto di incidenti intenzionali o accidentali e dei conseguenti possibili danni. La redazione, ad esempio, di un piano di Disaster recovery è uno dei passi verso il rispetto della Business Continuity.

- Stesura di capitolati per l' acquisizione di sistemi/prodotti ICT dotati di funzionalità di sicurezza grazie ai quali si evitino cattive interpretazioni da parte dei fornitori

- Gestione e scelta del personale che deve essere effettuata col massimo scrupolo in base a criteri di affidabilità, competenza e anche di predisposizione ad imparare le nuove tecnologie

- Sicurezza nell' accesso di terze parti ai sistemi ICT della PA, con l' assegnazione dei privilegi minimi sufficienti a compiere l' attività e in ogni caso con la responsabilizzazione del personale esterno

- Ricorso alle certificazioni di sicurezza nella PA, mediante l' acquisizione di quanto dettato dal sistema di standardizzazione ISO/IEC Operativamente un esempio di flusso nell' analisi dei rischi può essere descritto dal seguente schema:

Esempio di flusso in una analisi dei rischi

2.1.2 Le Debolezze

Spesso a una Amministrazione centrale sicura non corrisponde una Pubblica Amministrazione locale altrettanto preparata sia per le minori risorse a disposizione sia per la maggiore esposizione al grande pubblico.

Formazione e certificazioni specifiche di sicurezza sono ancora troppo limitate, poco diffuse e del tutto inadeguate alla dimensione e diffusione di sistemi altamente critici anche perché molta attenzione è ancora posta alla sicurezza in termini di prodotti più che di funzioni o d' impatti organizzativi e di gestione degli incidenti.

I CERT (Computer Emergency Response Team) sono organizzazioni, finanziate generalmente da Università o da Enti Governativi, incaricate di raccogliere le segnalazioni d' incidenti informatici e potenziali vulnerabilità e di intervenire prontamente come supporto degli operatori che devono ripristinare il normale funzionamento dei sistemi informativi.

La presenza poco diffusa dei CERT nelle Pubbliche Amministrazioni limita l' acquisizione di una ricca knowledge base volta a rispondere prontamente agli incidenti e, da ciò, forti delle conoscenze acquisite nel momento di crisi, l' aumento del livello di sicurezza.

La burocrazia può anche costituire uno dei problemi all' adeguamento agli standard di sicurezza della Pubbliche Amministrazioni poiché spesso i tempi per l' espletamento di un bando per una gara, per la sua approvazione e copertura finanziaria, sono tali da rendere attaccabile per un maggior tempo i sistemi e i servizi erogati, rispetto a una azienda privata.

2.1.3 Le aree d'azione

Ogni Pubblica Amministrazione deve fare i conti con compromessi di avere sistemi di sicurezza affidabili e adeguati a un costo alla portata del budget. Nella PA in passato hanno prevalso i criteri di scelta di tipo economico e le stesse gare d'appalto assegnano punteggi molto rilevanti alla voce "prezzo" e quindi non potremmo aspettarci sistemi molto sicuri o performanti. I capitoli di spesa dell' informatica non possono essere trattati tutti allo stesso modo.

Ogni soluzione di sicurezza prospettata deve essere considerata in base alla sua efficacia, facilità di gestione, solidità, scalabilità e anche ai tempi di reazione.

La seconda e ben più importante area d'azione riguarda l' etica, con l' istituzione di un codice etico che salvaguardi il rispetto della persona e la sacralità della confidenzialità.

2.2 Un caso reale: gestione della sicurezza in un' agenzia governativa

L' agenzia governativa, d' ora in poi AG, in cui opero dispone di un Centro Tecnico specializzato che ospita i server e tutto il materiale utile alla sua interconnessione e all' erogazione dei servizi agli utenti.

2.2.1 Schemi di rete

Il Centro tecnico è composto da cinque sezioni di rete, tutte sezionate da firewall, di seguito elencate:

- Internet
- Intranet
- Zona Application
- Zona Dati
- Management

Nella zona Internet sono posti tutti gli apparati di rete che interagiscono direttamente col mondo Internet, accettano e gestiscono le connessioni in ingresso dagli utenti che accedono ai servizi WEB, validandole e trasferendo il controllo ai load balancer e quindi in cascata ai reverse proxy che accedono ai server delle applicazioni.

Tale meccanismo serve a filtrare le connessioni e inoltrarle al reverse proxy solo dopo che sono state riconosciute sintatticamente corrette e soddisfano le regole del firewall. Solo dopo queste verifiche il controllo è inviato ai proxy bilanciati che rispondono " in nome e per conto" degli application server, facendosi carico della risposta all' utente il quale ha la percezione di colloquiare unicamente col Reverse Proxy.

Un dettagliato sistema di log traccia tutte le connessioni in ingresso per registrare eventuali abusi e fornire statistiche di utilizzo al team di monitoraggio e reportistica.

La zona Intranet è quella che utilizzata dagli operatori IT e dagli utenti operanti in rete locale che, dopo l' instaurazione di una connessione VPN dedicata, nominativa e circoscritta all' IP della postazione del dipendente, accedono ai servizi del CT senza transitare da Internet ma utilizzando una MPLS di un provider internet. Tale VPN è un' ulteriore garanzia di autenticità dell' accesso volta a limitare la diffusione di virus e di attacchi che possono prendere avvio dalla LAN della Agenzia Governativa.

Accedendo dalla zona Intranet gli operatori autenticati con VPN, possono accedere alle interfacce di gestione degli apparati e dei server secondo i protocolli sicuri più diffusi (ssh, sftp e rdp) oltre ovviamente ai servizi web e a protocolli esplicitamente attivi su richiesta e per particolari esigenze.

La zona Application è rappresentata dal segmento di rete dove sono posti i server che erogano servizi di applicazione, i cosiddetti Application Server. Tali server, indipendentemente dal sistema operativo, ospitano servizi web quali tomcat, jboss, oracle application e rappresentano il motore delle applicazioni web. Sono presenti spesso console di gestione, accessibile solo a una ristretta cerchia di operatori. Tali consolle servono a manipolare i servizi web, gestirli e personalizzarli direttamente da una comoda e funzionale interfaccia grafica.

La zona Dati è costituita dall' insieme di server e storage che contengono i data file dei principali database (Oracle, Mysql, MS SQL, Postgresql···). Si è deciso di operare a zone in quanto, ad esempio, dedicare un server o un rack di server a Oracle, consente di gestire in maniera ottimale tale settore e dar modo ai DBA di operare al meglio su un ambiente al servizio di tutta la rete Application. Solo i DBA potranno accedere direttamente alle console di gestione dei DB server e, se necessario, anche alle shell del sistema operativo su cui sono installati i DBMS.

La zona Management rappresenta invece una zona franca che può accedere, secondo particolari regole a tutte le altre zone del centro tecnico. Su tale zona sono installati i Backup Server, i Sistemi di monitoraggio, il server di autenticazione centralizzato, gli Antivirus Server, i Domain Controller Microsoft e tutti i server che erogano servizi condivisi all' intero CT.

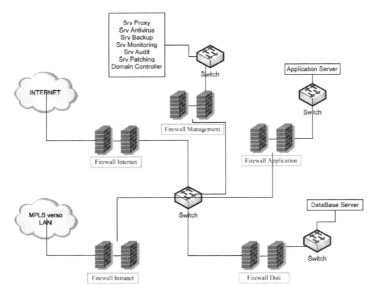

Schematizzazione delle diverse zone di rete presenti nel centro
tecnico. Ogni zona è protetta da un firewall e collegata fisicamente
con le altre per mezzo di uno i più switch ridondanti. I firewall
definiscono le regole di traffico tra le diverse zone

2.2.2. Firewall, Load balancer e Reverse proxy

I firewall attestati alla frontiera
Internet sono quattro apparecchi bilanciati, a
gruppi di due, implementando quindi il
sistema di FailOver, high availability e Load
Balancer.

La coppie di firewall, viste singolarmente, sono in failover, proprietà che consente di spostare le funzionalità dal primario al secondario in caso di failure, guasto hardware o altro.

Le coppie, nel loro insieme, gestiscono il carico in round robin e dispongono il bilanciamento di carico secondo un turno circolare.

Questa infrastruttura consente di avere le massime performance anche in situazioni di carico notevoli e di garantire la " alta disponibilità" anche in caso di guasto di uno o due dispositivi. Un sofisticato sistema di monitoraggio (come Tivoli Netview, OPENVIEW e SSIM) consente di tenere sotto controllo lo stato di attività, il carico e la funzionalità degli apparati di rete.

L' interfaccia di gestione (console) è accessibile solo dall' interno del CT e consentito solo agli operatori del N&SOC (Network & Security Operation center.)

Le richieste che dall' esterno (Internet) sono dirette verso gli application server transitano verso i reverse proxy attraverso una coppia di load balancer hardware che si occupano di smistare le richieste ai Reverse Proxy secondo il protocollo Round Robin. Così facendo gli application sono in grado di sopperire a carichi di lavoro sopra la media e di gestire eventuali guasti di apparati intermedi. L' infrastruttura proposta non subisce disservizio, sebbene si riscontri una minore performance, anche in caso di guasto di una coppia di firewall, di un load balancer e di un reverse proxy.

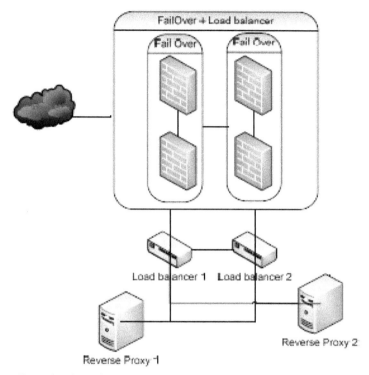

Esempio di architettura del Front END, secondo cui da Internet le richieste transitano sui firewall e se soddisfano determinate regole vengono inoltrate ai bilanciatori di carico che le smistano ai Reverse Proxy.

2.2.3 Gestione Centralizzata dei log utente e degli accessi ai sistemi

Risulta particolarmente cruciale, nella gestione della sicurezza, l' attivazione di un audit che consenta di tracciare tutti gli accessi effettuati alle macchine o ai servizi rispettivamente dagli operatori e dagli utenti.

Nella zona Management è stato previsto un server Linux il cui scopo è di immagazzinare anche tutti i comandi digitati a riga di comando (valido solo per i sistemi linux) corredati di data, ora, IP sorgente e utente autenticato. E' chiamato audit server.

La centralizzazione delle history ha il doppio vantaggio di tracciare eventuali errori o anomalie causati da operatori in buona o cattiva fede e di sensibilizzare gli operatori stessi a una maggiore attenzione nel digitare solo i comandi necessari all' attività richiesta.

2.2.4 Antivirus centralizzato

Un centro tecnico affidabile si basa su una sicurezza perimetrale ben strutturata ma anche su sistemi di sicurezza che gestiscono il contenuto dei file trasferiti o delle richieste accettate.

Un buon antivirus installato su ogni server del centro tecnico e afferente ad un server di gestione presente nella zona management consente di aumentare il livello di sicurezza contro intrusioni di virus.

Supponiamo ad esempio che un operatore abbia intenzione di effettuare la pubblicazione di una applicazione, ad esempio un war. Tale war, che può contenere un aggiornamento di un portale web, è stato creato su una postazione di lavoro di un operatore che potrebbe essere infettata da un virus non ancora riconosciuto dal proprio antivirus client, perché non aggiornato o semplicemente non attivo. Orbene, supponiamo che tale virus sia stato inglobato nel war creato e trasferito su un application server per la pubblicazione. Nessun firewall sarebbe in grado di rilevare tale virus per cui è opportuno che la rilevazione di tali anomalie sia demandata a un antivirus, che deve essere installato su ogni server presente nel CT.

La console di gestione dei server antivirus è in grado di monitorare il funzionamento di ogni antivirus client presente sui server, siano essi Windows o Linux, con le seguenti funzioni:

- Installazione Antivirus da remoto

- Gestione e monitoraggio dell' aggiornamento automatico delle definizioni di ogni nodo

- Gestione degli aggiornamenti manuali (forzati)

- Gestioni delle schedulazioni delle scansioni periodiche e in real time, con impostazioni sulle esclusioni

- Gestione statistiche sul funzionamento, sulle scansioni e sulle infezioni virali rilevate e corrette

L' antivirus server è l' unico PC, attraverso un canale protetto e codificato, a ricevere le definizioni aggiornate per i prodotti client e per se stesso da location considerate affidabili e gestite dal fornitore dell' antivirus.

2.2.5 Monitoring e Alerting – Opennms

Un efficiente sistema di monitoraggio consente di avere una piattaforma per il network management permettendo così il controllo di macchine, servizi, apparati e prestazioni dei nodi.

Nella zona di Management è stato installato un sistema di monitoring e alerting open source chiamato OPENNMS. Il prodotto, scritto in PHP, si basa su LINUX e monitora costantemente i nodi che sono stati caricati in una apposita lista informatica.

La lista di nodi, tipicamente server e apparati di rete, è stilata in base alla rilevanza della posizione nella rete e all' erogazione di servizi strategici. Nel nostro caso si è deciso di monitorare qualsiasi nodo che appartiene in maniera diretta o indiretta al sistema di produzione, lasciando fuori quindi gli ambienti di test e di sviluppo. Per loro natura, questi ultimi sono soggetti a variazioni nello stato dei servizi a seconda delle esigenze del team di sviluppo e quindi non avrebbe senso monitorarne lo stato.

Il sistema Opennms si presenta come un servizio web con una home page che riassume lo stato delle disponibilità complessiva del sistema e una lista di nodi che presentano outages, cioè problemi ai servizi erogati. Tali outages possono essere notificati via posta elettronica agli operatori per prendere le immediate contromisure, visionare il problema ed eliminarne le cause.

E' stato creato una profilatura degli utenti che accedono in Opennms in base

all' appartenenza a un particolare gruppo operativo di lavoro. Gli utenti di un gruppo accedono a dei dashboard , che nient' altro sono che delle viste personalizzate, che raccolgono solo il monitoraggio dei nodi che interessa il gruppo e di quelli la cui irraggiungibilità impatta sulle loro attività. Il sistema di notifiche via e-mail tiene conto delle suddivisione degli utenti in gruppi in modo da allertare sempre e solo le persone interessate e capaci di intervenire e limitare così lo spam.

Gli utenti amministratori di Opennms hanno piena gestione (aggiungere, cancellare, modificare le proprietà) sui nodi, i gruppi, gli utenti e i dashboard.

Prima di rendere operativo Opennms si è stato necessario attivare tutte le regole per far raggiungere le macchine da monitorare e su quest' ultime attivare e configurare il servizio SNMP, grazie al quale è possibile verificare in tempo quasi reale il numero di utenti connessi, l' utilizzo di memoria ram, CPU o unità disco e altre informazioni utili a stabilire lo stato complessivo di funzionamento del sistema.

Tutti i server monitorati possono ricevere query snmp, interrogazioni al servizio di Simple Network Management Protocol, servizio su cui si basa Opennms stesso, solo dalla macchina monitorante grazie a regole impostate sui firewall di zona e sui nodi.

2.2.6 Proxy per la gestione degli accessi ad Internet

Un proxy è un servizio che si pone tra un client e un server, gestendone lo scambio delle richieste e delle risposte. Il client si collega al proxy invece che direttamente al server web, e gli invia delle richieste, spesso solo di natura HTTP o FTP. Il proxy a sua volta si collega al server e inoltra la richiesta del client, riceve la risposta e la inoltra al client.

Oltre ai reverse proxy, già trattati precedentemente, esistono anche i proxy http, il cui scopo e quello di frapporsi fra l' utente o un server e il mondo Internet in modo da ottenere i seguenti risultati:

- Connettività: s' intende consentire a una rete locale l' accesso a internet utilizzando un solo indirizzo IP. Questa funzione può essere espletata da un router di frontiera.

- Caching: le informazioni richieste all' esterno sono memorizzate in un' area temporanea del proxy, consentendone un riutilizzo nel casi in cui un utente della stessa rete richieda gli stessi contenuti. Tale feature permette un riutilizzo dei contenuti scaricati e un minore impiego di banda utilizzata, a condizione che sia stato implementato un corretto dimensionamento della cache, parametro non determinabile a priori ma solo dopo un buon periodo di test. Un eccessivo accrescimento del valore della cache causa un decadimento esponenziale delle performance del proxy.

- Monitoraggio: tutte le informazioni transitate attraverso il proxy sono immagazzinate in un apposito log, tracciando l' IP sorgente, l' URL di destinazione, l' utente autenticato e il timestamp di effettuazione della richiesta. Tale dato sensibile, per non subire accessi abusivi che violerebbero la privacy dell' utente, devono essere immagazzinati secondo regole precise per renderli disponibili alle autorità di Pubblica Sicurezza solo nel casi in cui fosse stato riscontrato da questi ultimi una attività illecita.

- Controllo: una apposita commissione stabilisce quali siti non siano utili alle attività degli operatori e degli utenti in rete locale. Un software di url e content filtering, installato sul proxy, permette di filtrare le richieste degli utenti e negare la navigazione qualora esse non soddisfacessero precise regole (policies). Sono negati, ad esempio, siti che consentono giochi on line, siti a contenuto pornografico o comunque riconducibile ad attività illecite quali scambio di file protetti da diritto di autore, P2P e quant' altro non fosse utile all' attività professionale degli operatori e degli utenti.

- Privacy: un proxy maschera l' IP sorgente al destinatario. Quest' azione potrebbe essere utile per non tracciare le attività on line in modo direttamente riconducibile all' utente. Un eventuale abuso può essere sempre riscontrato grazie all' attività di monitoraggio che impone alle Pubbliche Amministrazioni di conservare i log delle connessioni web via proxy per dieci anni. All' interno della LAN dell' Agenzia governativa sono presenti diversi servizi proxy, tutti basati su squid, seguendo i criteri di ridondanza, bilanciamento di carico e riservatezza.

Tutti i proxy sono realizzati mediante soluzione open −source basate su squid. Il noto sistema soddisfa tutti i punti precedente ed è stato scelto per la versatilità, efficacia ed efficienza nelle performances.

Nel zona management del centro tecnico è stato previsto uno squid che consente, soltanto ai server di tutto il CT, di utilizzare la connessione internet quando necessario. Il servizio resta avviato solo per il periodo strettamente necessario all' attività.

Gli operatori e gli utenti che sono posti nella rete locale dell' Agenzia governativa possono utilizzare diversi proxy, in base a dei criteri che di seguito si elencano.

Sono stati resi disponibile i seguenti proxy:

- Proxy bilanciato con autenticazione proprietaria
  Questo sistema è stato realizzato affiancando due macchine fisiche che formano così un cluster e prendono in carico, mediante il protocollo round robin, le richieste degli utenti. Il sistema è in grado di gestire una struttura di circa 5000 utenti contemporanei grazie ad una adeguata larghezza di banda verso Internet. L' autenticazione utilizza il protocollo radius che ha la sua base dati in MySQL. L' autenticazione è ovviamente condivisa fra i due nodi del cluster. Questo proxy è utilizzato da utenti che non dispongono di una postazione di lavoro in dominio Microsoft per le quali non è possibile utilizzare un sistema di autenticazione integrato. Si sta pianificando un progetto per la migrazione degli utenti verso un sistema di autenticazione integrata basato su LDAP, piattaforma

che può gestire anche le autorizzazioni in maniera più granulare.

- Proxy bilanciato con autenticazione centralizzata su Dominio Microsoft
Funziona prevalentemente come il precedente ma l' autenticazione del cluster è demandata a un Active Directory, lo stesso che serve l' Agenzia governativa. Le postazioni in dominio Microsoft possono utilizzare questo proxy senza digitare, all' avvio della navigazione, alcuna credenziale di accesso giacché sia l' utente sia la macchina si sono loggati al dominio in fase di accesso alla rete. Tale sistema sarà maggiormente utilizzato nei mesi prossimi in concomitanza della migrazione della quasi totalità delle postazioni degli utenti in dominio Microsoft

- Proxy non bilanciato con autenticazione proprietaria
Si tratta di uno squid attestato su una linea dedicata ai VIP, peculiarità che consente una navigazione tracciata, ma libera da vincoli e da congestioni di

rete. Viene anche utilizzata dagli operatori in caso di particolari esigenze. L' autenticazione è proprietaria e svincolata da sistemi di autenticazione integrata.

2.2.7 Backup

Fino a qualche anno fa il backup era un cruccio degli Amministratori di sistema che avevano buon senso e rispetto per il loro operato. Da qualche anno grazie anche al DLgs 196/03 il backup è diventato un obbligo per tutti, dall' azienda privata alla Pubblica Amministrazione.

Sappiamo quanto una azione accidentale, un virus, un danno hardware o alla struttura fisica dove sono ubicati i server può danneggiare irreparabilmente i dati immagazzinati in un archivio. Sappiamo anche che un corretto ed efficiente backup può salvare da situazioni scomode e soprattutto dal rischio dell' interruzione di erogazione del servizio. In funzione della valenza del servizio una interruzione di poche ore può anche essere disastrosa.

Da soluzioni fai-da-te si è passati a soluzioni commerciali sempre più affidabili, supportate, scalabili e soprattutto rapide nel ripristino dei dati, caratteristiche che spesso non è pesata, ma è determinante per ridurre il disservizio poiché la continuità operativa è un dovere sancito dalla legge.

Nella zona management del Centro Tecnico è stato installato un backup server, equipaggiato da una nota suite commerciale, capace di accedere a tutti i server del Centro tecnico e operare dei backup schedulati, secondo una politica proposta dai responsabile dell' IT e validata dai referenti della Pubblica Amministrazione in conformità alle normative vigenti.

Per politica di backup s' intende l' insieme di regole a procedure per assicurare che sia eseguito un backup adeguato alle necessità dell'organizzazione aziendale. Una politica di backup definisce il tipo (es. full, incrementale o differenziale), la frequenza (generalmente giornaliera), e include le regole per verificare la rispondenza del processo di ripristino; dà indicazioni precise sulla data retention time e cioè sulla data dell' ultimo backup dei dati al quale è possibile risalire. Oltre al backup è possibile effettuare una archiviazione che congela lo stato di un sistema di un file o di un gruppo di cartelle a una data specifica. Questa funziona è particolarmente utile per conservare lo stato di un server prima di eseguire un aggiornamento evolutivo o per consolidare lo stato di una particolare situazione.

Stabilita la politica del backup, si provvede a installare un agente sui nodi del Centro Tecnico (chiamati client backup) che afferiscono al backup server.

Ogni client backup instaura una connessione protetta e autenticata col backup server al fine di evitare sgradite intercettazioni dei dati che transitano fra le diverse zone e garantirne la autenticità. Queste prerogative aumentano i tempi di copia e il traffico di rete ma danno la garanzia di un backup efficiente, efficace e sicuro.

Il prodotto commerciale acquisito prevede una console di disaster recovery che permette, in caso di distruzione di un qualunque server, il ripristino dello stesso in tempi brevissimi. Tutto quello che occorre fare è reperire un sostituto fisico della macchina guasta, collegarlo alla rete e inserire l' apposito supporto ottico di ripristino fornito dal produttore che, con opportune configurazioni, effettua il collegamento alla console e scarica l' immagine più recente del server, allineandola all' ultimo backup incrementale.

Il backup server dispone di una SAN espandibile in base alle esigenze di immagazzinamento ed è collegata in fibra ottica per assicurare la non condivisione diretta con la rete e l' accesso rapido ai dati.

Una adeguata tape library, robotizzata e posta in un locale distante da quello della SAN, effettua la copia su nastro al fine di spostare, a norma di legge, i backup in un luogo sicuro e distante dal Centro Tecnico.

2.2.8 Interoperabilità con altre Agenzie governative (SPC)

Il Sistema Pubblico di Connettività (SPC) è stato istituito con il Decreto Legislativo 2005/42.

Istituzionalmente è definito come "l' insieme d' infrastrutture tecnologiche e di regole tecniche per lo sviluppo, la condivisione, l' integrazione e la diffusione del patrimonio informativo e dei dati della pubblica amministrazione, necessarie per assicurare l' interoperabilità di base ed evoluta e la cooperazione applicativa dei sistemi informatici e dei flussi informativi, garantendo la sicurezza, la riservatezza delle informazioni, nonché la salvaguardia e l' autonomia del patrimonio informativo di ciascuna pubblica amministrazione".

Lo finalità del SPC sono:

*   fornire un insieme di servizi di connettività condivisi dalle Pubbliche Amministrazioni interconnesse, graduabili in modo da poter soddisfare le differenti esigenze;

- garantire l' interazione della Pubblica Amministrazione centrale e locale con tutti gli altri soggetti connessi a Internet, nonché con le reti di altri enti, promuovendo l' erogazione di servizi di qualità per cittadini e imprese;

- fornire un' infrastruttura condivisa d' interscambio che consenta l' interoperabilità tra tutte le reti delle PA esistenti;

- fornire servizi di connettività e cooperazione alle PA che ne facciano richiesta, per permettere l' interconnessione delle proprie sedi e realizzare così anche l' infrastruttura interna di comunicazione;

- realizzare un modello di fornitura dei servizi multi fornitore coerente con l' attuale situazione di mercato e le dimensioni del progetto stesso;

- garantire lo sviluppo dei sistemi informatici nell' ambito del SPC salvaguardando la sicurezza dei dati, la riservatezza delle informazioni, nel rispetto dell' autonomia del patrimonio informativo delle singole amministrazioni e delle vigenti disposizioni in materia di protezione dei dati personali.

2.2.9 Controllo degli accessi del personale ai locali CED

La normativa vigente impone di mettere in sicurezza i server da attacchi provenienti dalla rete ma spesso, maldestramente, può sfuggire che l' attacco può essere eseguito fisicamente sul server, tramite l' asportazione di dischi Hot-swap o danneggiamenti accidentali effettuati da personale che accede indebitamente alla sala CED.

A tal uopo le più moderne server farm sono predisposte con varchi ad accesso biometrico che autorizzano, una volta accertata l' identità dell' operatore, l' accesso ai locali. Modalità di accesso per mezzo di tesserini magnetici o password digitabili stanno per lasciare il passo ad altri sistemi che garantiscono in maniera univoca l' identità di chi sta effettuando l' accesso.

E' buona norma chiudere sempre le sessione del controllo remoto o locale sui singoli server quando si è conclusa l' operazione poiché una console di root lasciata " aperta" può causare problemi anche inavvertitamente.

2.2.10 Active Directory e Autenticazione Centralizzata − il mondo Microsoft

Active Directory è un insieme di servizi di rete, detti directory service, e sono adottati dai sistemi operativi Microsoft a partire da Windows 2000 Server. Si basa sui concetti di DOMINIO e di Directory che in inglese significa "elenco telefonico".

Proprio prendendo spunto dalla concezione di "elenco telefonico" potremmo vedere Active Directory e quindi il Dominio come un mondo in cui sono concentrate tutte le risorse della rete a partire dagli account utente, account computer, cartelle condivise, stampanti.

L'insieme dei servizi di rete di Active Directory, e in particolare il servizio di autenticazione Kerberos, realizzano un'altra delle caratteristiche importanti: il Single Sign−On (SSO).

Tramite tale meccanismo un utente, una volta effettuato l' accesso al dominio ed eseguito quindi il login a esso da una qualsiasi delle macchine di dominio, può accedere a risorse disponibili in rete (condivisioni, mailbox, intranet) senza dover effettuare l'autenticazione più volte. L' autenticazione dell' utente crea un profilo che lo autorizza a fare solo ciò che gli è concesso, senza ulteriori richieste di login durante la sessione. Questo facilita di molto la gestione degli utenti e delle macchine siano esse server o client.

Ad esempio, la limitazione dell' utilizzo delle porte USB limita notevolmente la possibile diffusione di virus per mezzo delle pen drive. Quest' azione può essere limitante, ma l' utilizzo di opportune policy consente di propagare in maniera granulare limitazioni e privilegi.

Ecco un esempio di ruoli dell' Active Directory:

Esempio di ruoli in un Active Directory

Proprio allo scopo di creare una piattaforma telematica integrata sono stati installati nel Centro Tecnico due domain Controller Microsoft contenenti tutti gli account degli utenti di dominio e degli operatori tecnici della Pubblica Amministrazione. Gli account sono creati e disattivati su formale richiesta dell' Amministrazione del Personale.

In base al dislocamento degli uffici periferici possono essere installati ulteriori Domain Controller, che dialogano in maniera biunivoca con gli AD del centro tecnico e forniscono funzioni di cache server locali (DHCP, DNS locale, File server, Print Server) per evitare che le latenze delle connessioni remote rendano difficoltoso il login dell' utente e, in generale, le attività del gruppo di lavoro.

Considerata la delicatezza della struttura di Active Directory, sono state utilizzate delle best practics al fine di massimizzare i livelli di sicurezza in diversi ambiti:

- Username e Password

  Proteggere e limitare al numero minimo gli account amministrativi, Controllare ed eventualmente disabilitare l' account Administrator per limitare gli attacchi, impostare una policy per l' impostazione di una password utente relativamente complessa, comprendente ad esempio anche maiuscole e caratteri speciali.

- Domain Controller

  Rimuovere i servizi non necessari, Avere più di un DC per dominio, Non delegare i diritti sui DC, Porre speciale attenzione ai DC nei siti remoti, Installare i nuovi DC da zero e mai riutilizzando server già esistenti, Rendere sicuro l' accesso fisico ai DC, Spostare se possibile il DHCP in un server diverso dal DC.

- Active Directory

  Documentare le modifiche, Usare le quote per gli utenti delegati, Svuotare il gruppo Schema Admin, Usare le GPO (Group Policies) per le impostazioni di sicurezza, Gestire con oculatezza le deleghe effettuate con GPO, verificare attentamente gli script di avvio delle workstation.

  Oltre a queste best pratics il buon Amministratore di Dominio deve sempre visionare periodicamente i log di accesso ai Domain Controller, accertare i tentativi falliti e monitorare costantemente il visualizzatore degli eventi di Microsoft per verificare lo stato di salute del sistema.

2.2.11 Firma Digitale

Nel 1997 il Legislatore definiva la Firma Digitale come " il risultato della procedura informatica (validazione) basata su un sistema di chiavi asimmetriche a coppia, una pubblica e una privata, che consente al sottoscrittore tramite la chiave privata e al destinatario tramite la chiave pubblica, rispettivamente, di rendere manifesta e di verificare la provenienza e l' integrità di un documento informatico o di un insieme di documenti informatici" .

Oggi la Firma Digitale è una realtà consolidata e all' interno di molte amministrazioni Pubbliche è ampiamente usata per validare i mandati informatici di pagamento e per trasmettere le comunicazioni riservate fra uffici.

Questo sistema deve garantire due requisiti contemporaneamente:

- provenienza del documento firmato;

- segretezza del documento stesso.

Il primo requisito si ha quando il sottoscrittore appone la sua firma digitale sul documento e un soggetto qualsiasi può, consultando gli elenchi o dei server on line, risalire alla chiave pubblica per decifrare il documento e accertarne l' autenticità.

Con un altro sistema, invece, si può garantire solo la segretezza del documento questo quando il soggetto che sottoscrive il documento utilizza la chiave pubblica del soggetto destinatario, quindi solo quest' ultimo può decifrarlo utilizzando la sua corrispondente chiave privata.

I due requisiti, invece, sono garantiti con la combinazione delle due ipotesi nel senso che il soggetto sottoscrittore deve prima cifrare il documento con la sua chiave privata, cosi garantendo l' autenticità, e una seconda volta con la chiave pubblica del destinatario, rendendo in questo modo il documento segreto. Il soggetto destinatario dovrà, per leggere il documento, decifrare prima con la sua chiave privata e poi con la chiave pubblica del sottoscrittore.

In altre parole, per avere i due requisiti occorre utilizzare contemporaneamente la coppia di chiavi dei soggetti sia per codificare sia per decifrare.

Questo sistema necessita anche di un sistema di compressione di file basato sulla funzione Hash che consiste nel comprimere i file scelti realizzando così delle impronte corrispondenti che saranno tutte diverse tra di loro. Qualunque modifica al documento, anche di un solo carattere, genera una impronta diversa.

In questo modo, il soggetto destinatario del documento deve, dopo la decodificazione con la propria chiave privata, confrontare l' impronta ricevuta con quella da egli generata. In concreto, tale sistema permette la non modifica del documento munito di firma digitale.

Schematicamente l' operazione di apposizione della firma digitale si risolve nei seguenti passaggi.

Operazione del soggetto sottoscrittore:

- generazione dell' impronta;
- creazione della firma digitale, apponendo la chiave privata all' impronta ricavata;
- unione della firma digitale al documento.

Operazioni del soggetto destinatario:

- separazione del documento dalla firma digitale;

- creazione dell' impronta dal documento ricevuto;

- utilizzo della chiave pubblica per decifrare;

- confrontare le due impronte.

Un tassello importante per completare il sistema delle firme digitali è costituito dai fornitori di servizi di certificazione (le Certification Authority), non sono altro che soggetti estranei rispetto agli utilizzatori della firma digitale, ma che devono garantire il funzionamento del meccanismo della firma digitale.

In particolare, i certificatori devono attestare che il soggetto detentore della chiave privata corrisponda alla relativa chiave pubblica, garantendone così la sua identità. Altra funzione importante è attestare la validità del certificato mediante l' aggiornamento degli elenchi di dominio pubblico.

Queste funzioni sono racchiuse nella produzione del certificato della firma elettronica, costituito da un documento digitale che contiene il nominativo del titolare della firma e altre informazioni inerenti, come la durata della stessa; infine, questo certificato deve essere reso pubblico insieme alla chiave pubblica.

2.2.12 Patching dei sistemi operativi

La continua scoperta di nuove vulnerabilità nei sistemi operativi, l' esigenza di correggere errori o malfunzionamento di singole funzione o la semplice evoluzione dei servizi erogati, rende il patching o aggiornamento dei sistemi operativi una azione fondamentale per il buon funzionamento del centro tecnico e della intera rete locale.

All' interno della Agenzia Governativa sono presenti due diverse piattaforme per implementare l' aggiornamento dei sistemi operativi di tutti i computer.

Il primo sistema si occupa del patching dei client degli operatori e dell' utenza in LAN e il secondo del patching dei server all' interno del Centro Tecnico. Ambedue le piattaforme funzionano in maniera analoga, anche se la location è diversa, per ottimizzare l' occupazione della banda.

Un apposito team di operatori si occupa di analizzare tutti i bollettini rilasciati dalle case produttrici dei sistemi operativi, valutare l' utilità di ogni singolo aggiornamento e validarlo per la distribuzione in rete. In tal modo si ottengono i seguenti benefici:

- • Prevenzione della diffusione di virus a seguito dello sfruttamento delle vulnerabilità del sistema operativo

- • Incremento del livello di stabilità

- • Miglioramento del sistema con funzioni evolutive

- • Diminuzione del traffico in entrata poiché i computer riceveranno l' aggiornamento dal " proxy" che si trova in LAN evitando così che ogni postazione di lavoro o ogni server recuperi gli update direttamente da internet.

Il patching è una attività da svolgere con massima cautela poiché una qualunque inosservanza dei requisiti d' installazione può causare malfunzionamenti o, peggio, blocco nell' erogazione delle servizio o nel funzionamento del sistema aggiornato.

Conclusioni

La sicurezza informatica deve essere perseguita grazie alla continua formazione o autoformazione degli operatori del settore. Solo con la conoscenza dei protocolli, dei sistemi, delle reti e dei possibili attacchi su di essi è possibile prevedere problemi o limitare i rischi di una potenziale vulnerabilità.

Spesso però la formazione è insufficiente quando il management ha la percezione della sicurezza informatica come di un costo, alla stregua di una polizza di assicurazione da pagare per poter essere totalmente sicuri che nulla accadrà. Proprio tale errata consapevolezza rende il più delle volte difficoltoso l' adeguamento dei sistemi nel tempo anche a causa delle lungaggini burocratiche legate ai vari processi di pianificazione delle spese, approvazione, impegno delle somme e acquisto del materiale necessario al fine di mettere in pratica gli adeguamenti necessari.

A prescindere dalle norme, dal controllo e dai budget destinati, la sicurezza informatica è anche una questione di buon senso. Azioni spregiudicate, benché non vietate dalla legge, devono essere sempre essere evitate al minimo sospetto che possano essere un punto di avvio per un attacco o una occasione che qualcuno potrebbe cogliere al volo per ledere i diritti di terzi o l' inviolabilità del bene più prezioso in informatica, il dato.

Bibliografia

- Michel J.Arata, Perimeter Security, McGraw-HILL, OHIO, 2006

- Robert N. Reid, Facility Manager' s - Guide to Security: Protecting Your Assets, THE FAIRMONT PRESS, INC., Georgia, 2004

- Maurizio Cinotti, Internet Security, Hoepli, Milano, 2009

- McClure -Scambray -Kurtz, Hacker 6.0, Apogeo, Milano, 2009

Bibliografia on line

Il CNIPA, Centro Nazionale per Informatica nella Pubblica Amministrazione, mette a disposizione sul sito http://www.cnipa.it le normative, le raccomandazioni e le circolari riguardanti l' informatica nella Pubblica Amministrazione.

In particolare si segnalano:

- http://www.cnipa.gov.it/site/it/Attivit% C3%A0/Sicurezza_informatica

  Proposte concernenti le strategie in materia di sicurezza informatica e delle telecomunicazioni per la pubblica amministrazione

- http://www.cnipa.it/site/_files/sicurezz a%20informatica.pdf

  Linee guida per la sicurezza ICT delle pubbliche amministrazioni

Il garante della Privacy, mette a disposizione sul sito web http://www.garanteprivacy.it le misure e gli accorgimenti per la gestione delle attività degli amministratori di sistema

- http://www.garanteprivacy.it/garante/d oc.jsp?ID=1577499

Sul sito Microsoft sono disponibili delle indicazioni pratiche su come rendere sicuro il servizio di Active Directory:

- http://download.microsoft.com/downloa d/3/f/e/3fe10daf-f69a-4e07-

ad054d66926a2257/RendereSicura_AD
.ppt

Dal sito http://www.archive.org sono stati
presi alcuni spunti circa la sicurezza
informatica, in particolare dal
documento" Appunti di Informatica Libera"

- http://www.archive.org/download/Appu
  ntiDiInformaticaLibera/20091223.a2.pd
  f